우리말 관세음보살보문품 필사집

—
필사(筆寫)는
마음을 집중하여 정성스럽게
글을 손으로 직접 베껴 쓰는 일을 말합니다.

—
필사를 하면
글을 베껴 쓰는 행위에 집중할 수 있고,
글의 내용을 더 정확하게 이해할 수 있으며
필사를 하는 동안 마음의 평안을 얻을 수 있습니다.

—
불교에는
경전을 옮겨 쓰거나 베껴 쓰는 사경(寫經)이 있는데
부처님의 말씀을 한 자 한 자 쓰면서
그 뜻을 새기는 수행(修行)을 말합니다.

—
가장 편안한 장소에서
몸과 마음을 고요하게 한 다음
먼저 필사할 내용을 읽고 정성껏 쓰기 바랍니다.

손끝으로 새기고
마음에 들이다

우 리 말
관세음보살보문품
필 사 집

관세음보살님의
위신력을 찬탄하는 경

담앤북스

> "마음이 괴로운 이들이여,
> 간절하게 나를 불러라.
> 천 개의 손과 천 개의 눈으로
> 모두 괴로움에서 벗어나게 하리라."

―

관세음보살보문품(觀世音菩薩普門品)은 관세음보살님께서 천 개의 손과 천 개의 눈으로 살아 있는 모든 것들의 괴로움을 살피고 관세음보살님을 찾는 사람에게는 여러 가지의 몸으로 나타나 그 어려움에서 벗어나게 해 주신다는 내용을 담고 있다.

· 간절히 바라는 것들을 적어 봅니다 ·

필사 시작한 날 :   년   월   일

경을 여는 게송

위없이 깊고 깊은 미묘한 법
한없는 세월 속에서 만나기 어렵지만
내가 이제 보고 듣고 받아 지니오니
부처님의 진실한 뜻 이해할 수 있기를
간절히 원하옵니다.

옴 아라남 아라다
옴 아라남 아라다
옴 아라남 아라다

관세음보살보문품

우리말 관세음보살보문품

01 그때 무진의보살이 곧 자리에서 일어나
오른쪽 어깨를 드러내고
부처님을 향해 합장하고 말씀드렸다.
"세존이시여, 관세음보살은 무슨 인연으로
이름을 관세음이라 하나이까?"
부처님께서 무진의보살에게 말씀하셨다.
"선남자여, 만약 한량없는 백천만억 중생이
갖은 고뇌를 받을 때
관세음보살의 이름을 듣고
일심으로 그 이름을 부른다면
관세음보살이 즉시 그 음성을 관하고
모두 괴로움에서 벗어나게 하느니라.

관세음보살보문품

02

만약 이 관세음보살의 명호를
마음속 깊이 지니면
그는 설령 큰불 속에 들어갈지라도
불이 태우지 못하리니
이 보살의 위신력 때문이니라.
만약 큰물에 표류할 때에도
그 명호를 부르면
곧 얕은 곳에 닿게 되리라.

○ 관세음보살보문품

03 만약 백천만억의 중생이 금·은·유리·
자거·마노·산호·호박·진주 등의
보배를 구하기 위하여
큰 바다에 들어갔을 때
설령 폭풍이 불어서 그 배가 표류하여
멀리 나찰귀의 나라에 닿게 되었을지라도
그중에 한 사람이라도
관세음보살의 명호를 부른다면
모든 사람이 다
나찰의 환난에서 벗어나게 되리라.
이러한 까닭으로 이름을 관세음이라 하느니라.

○ 관세음보살보문품

04 만약 어떤 사람이 해를 입게 될 때
관세음보살의 명호를 부르면
그들이 가진 칼과 몽둥이가
곧 조각조각 부서져서
벗어나게 되리라.
혹은 삼천대천 국토에 가득한
야차와 나찰이 와서
사람을 괴롭히려 할 때
관세음보살의 명호 부르는 소리를 들으면
이 모든 악귀가
악의를 품은 눈초리로도 보지 못하리니
하물며 해를 입히겠느냐?

관세음보살보문품

05 가령 또 어떤 사람이
죄가 있거나 죄가 없거나
수갑과 족쇄를 채우고 칼을 씌워
쇠줄로 그 몸을 결박했을지라도
관세음보살의 명호를 부른다면
모두 다 끊어지고
부서져서 곧 벗어나리라.
혹은 삼천대천 국토에
도적이 가득한데
한 사람의 우두머리가 상인들을 거느리고
값진 보배를 가지고 험한 길을 지나갈 때
그중의 한 사람이 이렇게 외쳐 말하되

관세음보살보문품

06 '선남자들이여!
겁내고 두려워하지 말라.
너희는 마땅히 일심으로
관세음보살의 명호를 부르라.
이 보살은 중생의 두려움을 없애 주나니,
그 명호를 부른다면
이 도적에게서 마땅히 벗어나리라.' 하여,
상인들이 그 말을 듣고 함께 소리를 내어
'나무관세음보살' 하면
그 명호를 부른 까닭으로
곧 벗어나게 되리라.

관세음보살보문품

07 무진의여, 관세음보살마하살의
위신력의 높고 큼이 이와 같으니라.
만약 어떤 중생이 음욕이 많을지라도
항상 관세음보살을 생각하고 공경하면
곧 음욕을 여의게 되며,
혹은 성내는 마음이 많을지라도
항상 관세음보살을 생각하고 공경하면
곧 성내는 마음을 여의게 되며

관세음보살보문품

08 혹은 어리석음이 많을지라도
항상 관세음보살을 생각하고 공경하면
곧 어리석은 마음을 여의게 되느니라.
무진의여, 관세음보살은
이와 같은 큰 위신력이 있어서
이익되게 하는 바가 많으므로
중생은 항상 마음으로 생각할지니라.

○ 관세음보살보문품

09 만약 여인이 아들을 얻으려고
관세음보살에게 예배하고 공양하면
곧 복덕과 지혜를 갖춘 아들을 낳고
혹은 딸을 얻고자 하면
곧 단정하고 어여쁜 딸을 낳되
이 아이가 숙세에 덕본을 심은 인연으로
뭇 사람에게 사랑과 공경을 받으리라.

관세음보살보문품

10 무진의여, 관세음보살은
이와 같은 힘이 있느니라.
만약 중생이
관세음보살을 공경하고 예배하면
그 복이 헛됨이 없으리라.
그러므로 중생은 모두 다
관세음보살의 명호를
받아 지닐지니라.

관세음보살보문품

11　무진의여,
　　만약 어떤 사람이
　　육십이억 항하사의
　　보살 이름을 받아 지니고
　　또 몸이 다하도록
　　음식과 의복과 침구와 의약을 공양한다면
　　너의 뜻에는 어떠하냐.
　　이 선남자 선여인의 공덕이 많지 않겠느냐?"
　　무진의보살이 사뢰었다.
　　"매우 많겠습니다, 세존이시여."

관세음보살보문품

12   부처님께서 말씀하셨다.

"만약 또 어떤 사람이

관세음보살의 명호를 받아 지니어

잠시라도 예배하고 공양한다면

이 두 사람의 복이 똑같아 차이가 없어서

백천만억 겁에도 다하지 않으리라.

무진의여,

관세음보살의 명호를 받아 지니면

이와 같이 한량없고

끝없는 복덕의 이익을 얻느니라."

○ 관세음보살보문품

13 무진의보살이 부처님께 사뢰었다.
"세존이시여, 관세음보살은
이 사바세계에 어떻게 노닐며
중생을 위해 어떻게 설법하고
방편력으로 하는 그 일은 어떠합니까?"
부처님께서 무진의보살에게 말씀하셨다.
"선남자여, 만일 어떤 국토에 있는 중생으로서
부처님 몸으로 제도할 이에게는 관세음보살이
곧 부처님 몸을 나타내어 법을 설하고
벽지불의 몸으로 제도할 이에게는
곧 벽지불의 몸을 나타내어 법을 설하며

관세음보살보문품

14 성문의 몸으로 제도할 이에게는
곧 성문의 몸을 나타내어 법을 설하느니라.
범왕의 몸으로 제도할 이에게는
곧 범왕의 몸을 나타내어 법을 설하고
제석의 몸으로 제도할 이에게는
곧 제석의 몸을 나타내어 법을 설하며
자재천의 몸으로 제도할 이에게는
곧 자재천의 몸을 나타내어 법을 설하고
대자재천의 몸으로 제도할 이에게는
곧 대자재천의 몸을 나타내어 법을 설하며

관세음보살보문품

15 천대장군의 몸으로 제도할 이에게는

곧 천대장군의 몸을 나타내어 법을 설하고

비사문의 몸으로 제도할 이에게는

곧 비사문의 몸을 나타내어 법을 설하느니라.

소왕의 몸으로 제도할 이에게는

곧 소왕의 몸을 나타내어 법을 설하고

장자의 몸으로 제도할 이에게는

곧 장자의 몸을 나타내어 법을 설하며

거사의 몸으로 제도할 이에게는

곧 거사의 몸을 나타내어 법을 설하고

○ 관세음보살보문품

16 재관의 몸으로 제도할 이에게는
곧 재관의 몸을 나타내어 법을 설하며
바라문의 몸으로 제도할 이에게는
곧 바라문의 몸을 나타내어 법을 설하느니라.
그리고 비구·비구니·우바새·
우바이의 몸으로 제도할 이에게는
곧 비구·비구니·우바새·우바이의
몸을 나타내어 법을 설하고
장자·거사·재관·바라문의 부인 몸으로
제도할 이에게는
곧 그 부인 몸을 나타내어 법을 설하며

관세음보살보문품

17 동남·동녀의 몸으로 제도할 이에게는
동남·동녀의 몸을 나타내어 법을 설하느니라.
하늘·용·야차·건달바·아수라·가루라·
긴나라·마후라가·인비인 등의 몸으로
제도할 이에게는
곧 모두 다 이를 나타내어 법을 설하고
집금강신으로 제도할 이에게는
곧 집금강신의 몸을 나타내어 법을 설하느니라.

관세음보살보문품

18 무진의여, 이 관세음보살은
이와 같은 공덕을 성취하여
갖가지 형상으로 모든 국토에 노닐면서
중생을 제도하여 해탈하게 하느니라.
그러므로 너희는 마땅히 일심으로
이 관세음보살에게 공양할지니라.

관세음보살보문품

19 이 관세음보살마하살은
겁나고 두렵고 위급한 환난 중에서
능히 두려움을 없애 주느니라.
그러므로 이 사바세계에서
모두 다 그를 일러
'두려움 없음을 베푸는 이'라 하느니라."

관세음보살보문품

20 무진의보살이 부처님께 사뢰었다.

"세존이시여, 저는 지금

관세음보살에게 공양하겠습니다."

그리고 곧 목에서 값이 백천 냥 금이 되는

여러 보주로 된 영락을 풀어 드리며 여쭈었다.

"인자한 분이시여,

이 정성으로 드리는 진보 영락을 받아 주십시오."

그때 관세음보살이 이를 받지 않으시거늘

무진의가 다시 관세음보살에게 말씀드렸다.

"인자한 분이시여, 저희를 불쌍히 여기시어

이 영락을 받으소서."

관세음보살보문품

21 그때 부처님께서 관세음보살에게 이르셨다.
"마땅히 이 무진의보살과 사부대중과
하늘·용·야차·건달바·아수라·가루라·
긴나라·마후라가·인비인 등을 불쌍히 여겨
이 영락을 받을지니라."
그러자 곧 관세음보살은 모든 사부대중과
하늘·용·인비인 등을 불쌍히 여겨
그 영락을 받아 둘로 나누어
하나는 석가모니불께 바치고
하나는 다보불탑에 바쳤다.
"무진의여, 관세음보살은
이같이 자재한 신통력이 있어서
사바세계에 노니느니라."

○ 관세음보살보문품

22   그때 무진의보살이 게송으로 사뢰었다.

원만하신　부처님께　제가이제　묻사오니
어떠하온　인연으로　관세음을　부릅니까
좋은모습　잘갖추어　원만하신　세존께서
저무진의　보살에게　게송으로　답하셨다
그대이제　잘들어라　관세음의　가피력과
바다같이　넓은서원　세월속의　불가사의
천억부처　따라다녀　큰서원을　세웠노라

관세음보살보문품

23 　내가이제 그대에게 간략하게 말하리라
　　관세음의 이름듣고 그의몸을 보았다면
　　마음속에 생각하여 소중하게 간직하면
　　모든세상 괴로움을 멸할수가 있으리라
　　어떤이가 해치려고 불구덩이 떠밀어도
　　관음보살 염원하면 연못으로 변해지고
　　큰바다에 떨어져서 큰파도가 치더라도
　　관음보살 염불하면 거친파도 잔잔하리

관세음보살보문품

24 산봉우리 높은데서 미끄러져 떨어질때
관음보살 염불하면 허공속에 떠있으리
나쁜사람 쫓아옴에 험한산에 떨어져도
관음보살 염불하면 털끝하나 안다치리
원수같은 도적들이 칼을들고 해칠때도
관음보살 염불하면 자비로운 마음내네
나라법에 잘못걸려 교수형을 당할때에
관음보살 염불하면 칼날들이 부서지리

관세음보살보문품

25 감옥속에 갇히어서 꽁꽁묶여 있더라도
관음보살 염불하면 절로절로 벗어나네
저주하며 독약으로 해치려고 하는이도
관음보살 염불하면 해칠수가 없게되리
독룡이나 나찰들과 모든나쁜 귀신들도
관음보살 염불하면 해치지를 못하리라
날카로운 이와발톱 공격하던 짐승들도
관음보살 염불하면 먼곳으로 달아나리

○ 관세음보살보문품

26 살무사와 전갈들이 독기들을 내뿜어도
관음보살 염불하면 소리듣고 피해가리
천둥번개 우박폭우 사나웁게 몰아쳐도
관음보살 염불하면 잠깐사이 사라지리
중생들의 고난핍박 하염없이 괴로워도
관음보살 염불하면 세간고통 구해주리
신통력을 다갖추고 지혜방편 다닦아서
시방세계 모든세계 어디서든 몸나투리

○ 관세음보살보문품

27   가지가지 나쁜갈래 지옥아귀 축생까지
생로병사 고통들을 점차모두 제거하리
진실보고 청정보고 크고넓은 지혜보고
사랑연민 관하면서 원력으로 중생보리
티끌없이 맑은광명 어둠깨는 지혜태양
풍재화재 굴복시켜 모든세상 보살피리
큰자비를 바탕으로 엄정계율 천둥같고
인자하신 마음들은 크고넓은 구름같아
감로법비 뿌려주어 타는불꽃 소멸하리

관세음보살보문품

28   심한다툼 있는곳과 전쟁속의 죽음공포
       관음보살 염불하면 모든원수 물러가리
       이오묘한 소리로써 세간속의 소리듣고
       저하늘의 소리로써 때맞추어 구원주고
       관세음의 염불소리 세간에서 뛰어나니
       이때문에 모름지기 자나깨나 생각하되
       관세음의 위엄신통 생각마다 의심마라

○ 관세음보살보문품

29　　관세음의　깨끗하고　맑고맑은　성스러움
　　　괴로움과　액운속에　능히믿고　의지할바
　　　모든공덕　다갖추어　자비로써　중생보며
　　　그복덕이　한량없어　그러므로　예배하네

　　　그때 지지보살이 곧 자리에서 일어나
　　　앞으로 나와 부처님께 사뢰었다.

관세음보살보문품

30 "세존이시여, 만약 어떤 중생이
이 관세음보살품의 자재한 위신력과
걸림 없이 나타내는 신통력을 듣는다면
그 사람의 공덕이 적지 아니함을
마땅히 알겠나이다."
부처님께서 이 보문품을 설하실 때
대중 속의 팔만사천 중생이
모두 비길 바 없는
아뇩다라삼먁삼보리의 마음을 일으켰다.

경을 쓰는 이 공덕 수승하여라.
가없는 그 복덕 모두 회향하여
이 세상의 모든 사람 모든 생명들
무량광불 나라에서 행복하여지이다.

우리말 관세음보살보문품 필사집

초판 1쇄 발행 2025년 8월 1일

엮음	담앤북스 출판부
펴낸이	오세룡
펴낸곳	담앤북스
주소	서울특별시 종로구 새문안로3길 23
	경희궁의 아침 4단지 805호
대표전화	02-765-1251(영업부) 02-765-1250(편집부)
전송	02-764-1251
전자우편	dhamenbooks@naver.com

출판등록 제300-2011-115호

ISBN 979-11-6201-910-8 (03220)

· 이 책은 저작권법에 따라 보호받는 저작물이므로 무단 전재와 복제를 금합니다.
· 이 책 내용의 전부 또는 일부를 이용하려면 반드시 저작권자와 담앤북스의 서면 동의를 받아야 합니다.

정가 10,000원